Lila y DeWitt Wallace arriesgaron mucho para comenzar un nuevo negocio.

En 1919, DeWitt y Lila Wallace tuvieron la idea de crear una revista de no ficción. Querían que su revista tuviera artículos cortos que informaran y entretuvieran a las personas. DeWitt Wallace comenzó a buscar artículos de no ficción que ya habían sido publicados. Hizo un proceso de revisión para hacerlos más cortos. Luego, los presentó en una revista llamada *Reader's Digest*.

DeWitt Wallace envió 200 copias de su nueva revista a diferentes editores. Esperaba que alguno de ellos quisiera publicarla.

Todos los editores dijeron que la idea de los Wallace no funcionaría. Sin embargo, los Wallace estaban decididos a tener éxito. Decidieron que ellos mismos publicarían la revista y la venderían a través del correo.

Enviaron muestras de la revista a quienes pensaban que podrían estar interesados en comprarla. Muchas personas dijeron que habían disfrutado los artículos. Los Wallace recaudaron fondos para imprimir 5,000 copias de la primera *Reader's Digest*, en 1922.

La revista fue un éxito instantáneo. En 1926, se vendieron por correo 20,000 copias en Estados Unidos. En 1929, se comenzó a vender *Reader's Digest* en quioscos de diarios y revistas, así como por correo.

Reader's Digest continúa vendiendo millones de copias hoy.

Número de copias de *Reader's Digest* vendidas en Estados Unidos

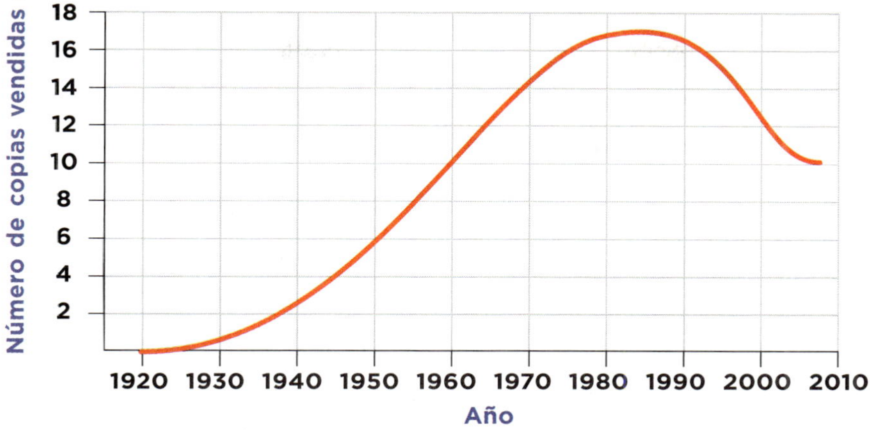

En 2010, *Reader's Digest* empezó a publicarse diez veces al año en lugar de veinte. Eso quiere decir que se publicaron menos copias.

Los Wallace querían retribuir algo a su **comunidad**. Eran apasionados de la educación y las artes. Así que donaron algo del dinero ganado por las revistas a la Academia Juilliard, una escuela de **artes escénicas** en la Ciudad de Nueva York.

Los Wallace murieron a comienzos de 1980. DeWitt y Lila Wallace dejaron todo su dinero a programas de artes y organizaciones que ayudan a las escuelas.

En la actualidad *Reader's Digest* se publica diez veces al año en varios idiomas. Continúa siendo una de las revistas más famosas a nivel mundial.

Capítulo 2

¡QUÉ REPRESENTACIÓN!

En la década de 1950, Alvin Ailey también tuvo una gran idea. Deseaba hacer más emocionante la danza. Quería animar a las personas para que se dedicaran a la danza.

Alvin Ailey nació en Rogers, Texas, en 1931. No había trabajo en Rogers, así que Ailey y su madre se mudaron muchas veces. Su madre tuvo muchos trabajos diferentes, como recolección de algodón y labores domésticas. Cuando Ailey tenía 11 años, se mudaron a Los Ángeles.

Estados Unidos en la década de 1930

Durante la década de 1930, muchas personas estaban sin empleo debido a la Gran Depresión. En esta época bancos y negocios cerraron, y millones de personas perdieron sus empleos y sus hogares.

En ese tiempo, los afroamericanos no tenían los mismos derechos que los blancos en algunos sitios. Muchos afroamericanos no podían recibir una buena educación. Esto hacía que les fuera aún más difícil conseguir empleo. Muchos afroamericanos se mudaron para conseguir empleo.

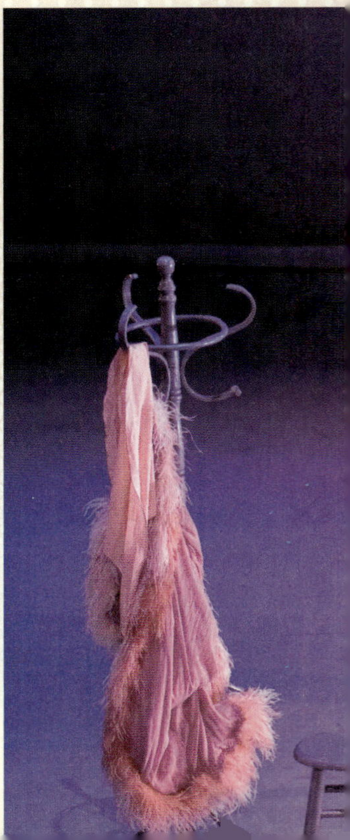

Género Texto persuasivo

¿? Pregunta esencial

¿Cómo comenzar un negocio puede ayudar a los demás?

COMENZAR EN PEQUEÑO
PENSAR EN GRANDE

JULIA WALL

Capítulo 1

COMIENZOS MODESTOS

Comenzar un negocio requiere tiempo, energía y valor. Todo negocio surge con una gran idea, pero esta por sí sola no es suficiente.

Los **empresarios** son personas que crean negocios. Obtienen sus ideas al buscar una necesidad. Luego, encuentran una manera de satisfacerla. Comienzan en pequeño, piensan en grande y trabajan duro para hacer cosas que las personas querrán comprar. Los empresarios tienen que convencer a las personas de que sus ideas son buenas y encontrar el dinero para comenzar sus negocios.

Los empresarios con frecuencia encuentran dificultades. Siguen adelante aun cuando otras personas les dicen que sus empresas no son posibles. Sin embargo, cuando los empresarios logran tener éxito en sus negocios, pueden hacer una gran diferencia.

Ailey se interesó por la danza en Los Ángeles. Se formó con un profesor de danza llamado Lester Horton.

A comienzos de 1950, Ailey se mudó a la Ciudad de Nueva York. Quería aprender más acerca del arte escénico. Así que estudió ballet, danza moderna y actuación. También trabajó como bailarín y actor.

En 1958, Ailey formó el Teatro norteamericano de danza Alvin Ailey. Deseaba usar la danza para mostrar cómo era ser afroamericano. La primera gran presentación de la compañía fue un ballet innovador que se llamaba *Blues Suite*.

Detective del lenguaje	**La palabra subrayada es un artículo. Encuentra en esta página más artículos.**

Blues Suite incluía jazz, ballet y danza moderna y africana.

Alvin Ailey hizo que la danza fuera accesible para muchas personas.

La difícil infancia de Ailey inspiró *Blues Suite* y muchas de sus otras obras. *Revelations* es su rutina de danza más famosa. Cuenta la historia de su infancia en Texas.

El Teatro Norteamericano de Danza Alvin Ailey es reconocido en todo el mundo. Sus bailarines han actuado en conciertos y en televisión ante millones de personas.

Ailey era entusiasta, enérgico y compasivo. Creía en dar oportunidades a los niños. Creó programas educativos para ayudarlos a aprender habilidades para la danza y la vida, como el trabajo en equipo y el respeto. Alvin Ailey murió en 1989. Su compañía de danza sigue muy activa.

Capítulo 3

AYUDAR A "LOS PEQUEÑOS SOCIOS"

Amadeo Giannini quería ayudar a la gente común.

Henry Guttmann/Hulton Archive/Getty Images

Amadeo Giannini era una persona compasiva. Creó un negocio con el que ayudó a mucha gente.

Antes del siglo XX, los bancos solo aceptaban que clientes adinerados y negocios abrieran cuentas bancarias, y solo a ellos les prestaban dinero.

Los bancos no aceptaban clientes que fueran inmigrantes, como los padres de Giannini. Ellos se habían mudado de Italia a Estados Unidos en la década de 1860. Así que Giannini pidió dinero prestado a sus amigos y familiares para fundar su propio banco.

Muchos edificios se derrumbaron cuando un terremoto golpeó San Francisco en 1906.

En 1904, Giannini abrió su banco en San Francisco. Lo llamó Banco de Italia. El nuevo banco ofrecía cuentas de ahorros y préstamos a los "pequeños socios", como Giannini los llamaba. Prestaba dinero a la gente común, como granjeros, obreros y dueños de tiendas. Muchos de ellos también eran inmigrantes.

El proyecto de Giannini fue un éxito. Al cabo de un año, el Banco de Italia tenía varios miles de clientes.

En 1906, un terremoto destruyó gran parte de San Francisco. El edificio del Banco de Italia quedó en ruinas. Giannini estaba decidido a seguir adelante. Instaló su banco en la calle usando una tabla y dos barriles como escritorio. Ofreció préstamos para ayudar en la reconstrucción de los negocios.

Giannini abrió más oficinas del Banco de Italia en toda California. Además, compró otros bancos. En 1930, rebautizó sus bancos como Banco de América. Este se convirtió en el banco más grande de Estados Unidos.

En 1932, el Banco de América proporcionó dinero para ayudar en la construcción del puente Golden Gate en San Francisco. Sin este dinero, la construcción del puente nunca habría comenzado. Todo fue gracias a un hombre que deseaba un trato justo para los inmigrantes.

Antes de la construcción del puente Golden Gate, las personas cruzaban la bahía de San Francisco en ferry.

Capítulo 4

UNA INVENTORA INTELIGENTE

¿Son los niños demasiado jóvenes para comenzar sus propios negocios? Kavita Shukla tenía 13 años cuando inventó una tapa especial llamada Smart Lid. Este invento mantiene los productos químicos seguros.

El Smart Lid tiene una alarma que suena cuando un contenedor se abre o tiene fugas. Kavita tuvo la idea cuando su mamá olvidó poner la tapa al tanque de la gasolina después de llenarlo.

El segundo invento de Kavita vino después de que bebiera agua contaminada en la India. Su abuela le dio una mezcla de especias para que no enfermara. Era un remedio antiguo y funcionó.

Kavita Shukla ha ganado varios premios por sus inventos.

Fenugreen Fresh Paper

Kavita se preguntaba si algunas de las especias podrían usarse también para preservar alimentos. Descubrió que los alimentos envueltos en papel tratado con estas especias se conservaron unas semanas más que los envueltos en empaques comunes. El papel con especias era además natural. Se descomponía en la basura.

Ahora Kavita dirige una empresa que vende el papel creado por ella. Muchos alimentos se botan porque se dañan. Kavita cree que su invento puede ayudar a más personas a comer alimentos frescos.

Ponerlo en marcha

Las empresas son buenas para las comunidades. Crean empleos y dan energía y vitalidad a una zona. Las empresas también ayudan a la comunidad. Muchas toman parte en eventos comunitarios, como los festivales. Algunas usan sus **ganancias** para ayudar a las personas necesitadas. Esto trae beneficios.

Las comunidades deben promover la creación de empresas en su zona. Las empresas ayudan al desarrollo de las comunidades y las hacen mejores lugares para vivir.

Bill Gates comenzó Microsoft cuando era adolescente. Gates y su esposa, Melinda, han donado alrededor de 26,000 millones de dólares a causas nobles.

Has leído acerca del éxito de empresarios que fueron valientes y decididos. Los empresarios asumen grandes riesgos para crear algo nuevo.

Algunos empresarios expanden sus pequeños negocios hasta hacerlos grandes. Donan algunas de sus ganancias a sus comunidades. Así que mantén tus ojos y oídos abiertos a nuevas ideas. Podrías ser un empresario excepcional que comienza en pequeño, piensa en grande y ayuda a su comunidad.

Detective del lenguaje La palabra subrayada es una contracción. ¿Qué palabras la componen?

Respuesta a la lectura

Resumir

Usa detalles importantes de la selección para resumir *Comenzar en pequeño, pensar en grande*. Usa el organizador gráfico como ayuda.

Idea principal
Detalle
Detalle
Detalle

Evidencia en el texto

1. ¿Qué características de un artículo persuasivo puedes encontrar en "Ponerlo en marcha" en la página 13? **GÉNERO**

2. ¿Cuál es la idea principal en el capítulo 2? ¿Cuáles son los detalles clave que la apoyan? **IDEA PRINCIPAL Y DETALLES CLAVE**

3. La palabra *presentación* en la página 7, contiene el sufijo *-ción*. Este sufijo cambia un verbo en sustantivo. Utiliza esta información para definir la palabra *presentación*. **SUFIJOS**

4. Escoge un empresario de *Comenzar en pequeño, pensar en grande* y escribe acerca de cómo pudo él o ella ayudar a otros. Usa detalles del texto en tu respuesta. **ESCRIBIR SOBRE LA LECTURA**

Género Texto instructivo

Compara los textos

Lee sobre cómo puedes usar tu dinero para ayudarte y ayudar a los demás.

Gastar y ahorrar

¿Qué haces con tu dinero? ¿Lo gastas o lo **depositas** en una cuenta de ahorros?

Es divertido gastar dinero en cosas que deseas, como un libro o un juego. También es una buena idea ahorrar. Quizá desees guardar algo de dinero para ayudar a otros.

Ahorrar para tener algunas cosas, como una camiseta, puede tomar solo unas semanas. Tener otras, como una nueva bicicleta que cuesta 200 dólares, puede tomar meses. Debes hacer los cálculos y comenzar un plan de ahorros.

Para que puedas alcanzar tu meta, debes hacer un **presupuesto**. Este es un plan de cuánto necesitas ahorrar y cuánto tiempo necesitas para llegar a la meta de ahorro.

Hacer un presupuesto

1. Haz una lista del dinero que ganas, como tu mesada, ganancias por tareas extras o dinero de cumpleaños.
2. Haz una lista de las cosas que compras cada semana.
3. Calcula cuánto puedes ahorrar cada semana.
4. Calcula cuánto tiempo te tomará ahorrar suficiente dinero para alcanzar tu meta.

Dinero que entra a la semana	
Mesada	$10
Otros	$8
TOTAL	**$18**
Dinero que sale a la semana	
Tienda de la esquina	$3
Otros (juego)	$10
Caridad	$2
TOTAL	**$15**
DINERO AHORRADO	**= $3**

Actualiza tu presupuesto cada semana. Así podrás revisar qué tan cerca estás de alcanzar tu meta. Si manejas tu dinero con sabiduría, puedes usar tus ahorros para hacer todo tipo de cosas. Incluso puedes usar tu dinero para comenzar un pequeño negocio.

¿? Haz conexiones

¿Cómo hacer un presupuesto te permite ayudar a otros? **PREGUNTA ESENCIAL**

¿Por qué piensas que las personas que crearon negocios en *Comenzar en pequeño, pensar en grande* usaban una parte de su dinero para ayudar a los demás? Si fueras empresario, ¿a qué tipo de organización te gustaría ayudar?

EL TEXTO Y OTROS TEXTOS

Glosario

artes escénicas actividades, como danza, música y teatro, que se representan frente a una audiencia ***(página 5)***

comunidad personas que viven en la misma zona ***(página 5)***

depositar poner dinero en una cuenta bancaria ***(página 16)***

empresario persona que tiene su propio negocio ***(página 2)***

ganancia dinero que queda después de que un negocio paga sus gastos ***(página 13)***

presupuesto plan de gasto y ahorro de dinero ***(página 17)***

Índice

Enfoque:

Estudios Sociales

Propósito Entender cómo puede ayudarte un plan a recaudar dinero para ayudar a los demás

Procedimiento

Paso 1 Escoge una organización o una actividad en tu comunidad a la que quieras apoyar.

Paso 2 Trabaja con un grupo para planear un evento con el fin de recaudar dinero para la organización, como una venta de pasteles o una carrera divertida. Puedes elegir una actividad que dure varias semanas. Piensa en grande.

Paso 3 Calcula cuánto dinero necesitas recaudar para lograr tu meta y cuánto tiempo realmente necesitarás para alcanzarla.

Paso 4 Ahora haz un plan para recaudar el dinero. ¿Qué necesitarás hacer? ¿Quién hará las diversas tareas? ¿Cuánto costará?